LA MISE EN SCÈNE

DU

DRAME WAGNÉRIEN

PAR

ADOLPHE APPIA

PARIS

LÉON CHAILLEY, ÉDITEUR

8, RUE SAINT-JOSEPH, 8

—

1895

LA MISE EN SCÈNE

DU

DRAME WAGNÉRIEN

PAR

ADOLPHE APPIA

PARIS

LÉON CHAILLEY ÉDITEUR

8, RUE SAINT-JOSEPH, 8

1895

Ces quelques pages sembleront peut-être, à qui prendra souci de les lire, trop concises, et, par suite, étant donnée la nature du sujet, un peu obscures. Mais ne sachant si j'aurai quelque jour l'occasion de publier la série assez considérable de travaux que ce sujet comporte, je veux au moins en avoir présenté une sorte de sommaire.

On comprendra qu'il s'agit beaucoup moins ici des drames de Richard Wagner en particulier, que des conditions d'équilibre de la forme de drame créée par lui. Ces conditions ont certes une importance artistique considérable, et cette étude a bien pour but de les résumer; mais ce n'est pourtant pas le seul but que je poursuive.

Qu'un art d'une portée aussi générale n'ait pu trouver dans notre culture actuelle les moyens les plus élémentaires de vivre et de se manifester, c'est là un symptôme significatif du manque absolu d'harmonie qui domine nos facultés réceptives vis-à-vis d'une œuvre d'art. Aussi tout effort tenté pour reconstituer l'harmonie native de ces facultés, acquerra-t-il une portée beaucoup plus étendue qu'il ne pourrait le sembler au premier abord; et mon unique espoir en publiant ce petit travail est donc d'attirer l'attention sur ces questions, et de hâter ainsi, peut-être, un essai pratique de représentation normale, qui seul serait en mesure d'entraîner la conviction auprès d'un public éclairé.

A. A.

NOTIONS PRÉLIMINAIRES

NOTIONS PRÉLIMINAIRES

Wagner a créé une nouvelle forme de drame (1). Dans ses écrits théoriques, il en a fixé définitivement ce qu'on peut nommer les conditions abstraites. L'application qu'il en a donnée dans ses drames semble sous-entendre comme résolues les conditions représentatives. Or, ce n'est pas le cas; et un grand nombre des malentendus et des difficultés entassés à l'encontre de cette œuvre d'art, prennent leur source dans la disproportion entre les moyens dont l'auteur s'est servi pour la notation du drame, et ceux qu'il trouve dans l'état actuel de la mise en scène pour sa réalisation. Je ne parle

1. Il la désigne en allemand par le mot WORT-TONDRAMA, ce qui signifie un drame dans lequel le poète se sert de la *parole* et du *son musical*. Cette sorte de drame est en quelque manière la synthèse du Wort-drama, le « drame en paroles », soit drame parlé, et du Ton-drama, le seul vrai « drame musical », dans lequel le poète n'emploie que la musique, comme Beethoven dans Coriolan, la Symphonie héroïque, etc.., Berlioz dans sa Symphonie fantastique, Liszt dans ses Poèmes symphoniques. On ne saurait rappeler trop souvent que Wagner proteste formellement contre ce terme de « drame musical » appliqué à ses œuvres de théâtre. La langue française ne se prêtant pas à un équivalent de WORT-TONDRAMA, je dirai « drame wagnérien » ou « drame du poète-musicien »; je prie seulement qu'on veuille bien observer que par « drame wagnérien » je n'entends pas désigner les drames de Richard Wagner seul, mais, en général, la nouvelle forme créée par lui.

même pas ici des nouvelles exigences imposées par ce drame aux interprètes ; elles sont évidentes.

Il y a donc un vide à combler. Pourtant, en y regardant de plus près, on s'aperçoit qu'il s'agit surtout d'une mise en place, et que tous les éléments à ordonner sont fournis tacitement par le drame lui-même.

La suite de ces pages éclaircira ce que ces affirmations peuvent avoir de paradoxal. Pour éviter de rappeler trop souvent le point de vue où je me place, et adoucir certaines duretés nécessaires dans les arguments, je dois dire que ce point de vue est exclusivement celui du metteur en scène, lequel, bien qu'il donne la vie à l'œuvre d'art, ne touche en aucune façon au fait de cette œuvre.

C'est le drame parlé, et non pas l'opéra, qui doit fournir le point de départ. Ce qui distingue le drame wagnérien du drame parlé, c'est l'emploi de la musique. Or, non seulement la musique donne au drame l'élément expressif, mais elle fixe aussi péremptoirement la *durée*; on peut donc affirmer qu'au point de vue représentatif la musique est le *Temps* ; et je n'entends pas par là « une durée dans le temps », mais le Temps lui-même. Elle donne par conséquent les dimensions : d'abord les proportions chorégraphiques dans leur suite, depuis les mouvements de foule jusqu'aux gestes individuels, puis, de là, avec plus ou moins d'insistance, les proportions du tableau inanimé.

Dans le drame parlé, c'est la vie qui procure aux interprètes les exemples de durée (Temps) ; l'auteur ne peut fixer celle de la parole, bien qu'il impose un minimum d'exigences par la quantité du texte ; et l'action ne donne de précision ni au développement des évolutions ni aux proportions du décor.

Dans le drame du poète-musicien, au contraire, la durée est rigoureusement fixée, et fixée par la musique, qui altère les proportions que la vie aurait fournies. Car la plupart de nos gestes accompagnent la parole, ou bien sont de la parole sous-entendue ; et altérer la durée de celle-ci, c'est altérer la durée de ceux-là. En outre, la musique, de par sa nature, a besoin de se développer, de sorte que les évolutions que la parole (sous-entendue) ne fixe pas, mais que la vie nous enseigne d'ailleurs, sont de même altérées par la durée des développements indispensables à ce moyen d'expression, mais étrangers (en tant que mise en scène) à la vie dramatique, et ne s'y rapportant que par à peu près, ou même lui faisant violence.

Voilà des conditions essentiellement différentes de celles du drame parlé. Si l'opéra n'avait vulgarisé le changement dans la durée naturelle, il n'aurait pas été possible de composer de toutes pièces le drame wagnérien sans prendre souci de cette altération capitale.

Donc, ce n'est plus la vie qui donnera aux interprètes les exemples de durée et de suite, mais la musique, qui les impose directement; et celle-ci, altérant la durée de la parole, altère les proportions des gestes, des évolutions, du décor : le spectacle entier se trouve ainsi transposé.

Ce qui caractérise le drame du poète-musicien et en constitue la haute valeur, c'est le moyen qu'il possède, grâce à la musique, d'*exprimer* le drame intérieur, tandis que le drame parlé ne peut que le *signifier*. Puisque la musique est le Temps, elle donne au drame intérieur une durée qui doit correspondre à un spectacle. Dans la vie, les mouvements de l'âme, du corps et de l'esprit, sont simultanés. Si la musique exprimait les mouvements de l'âme par un simple accroissement d'intensité, le problème (représentatif) n'existerait pas. Mais ce n'est pas le cas ; et il en résulte qu'à l'altération dans la durée de la parole, vient s'ajouter cette chose complexe de la durée nécessaire à l'expression du drame intérieur. Or, étant donnée la nature spéciale de la musique, le drame intérieur ne peut trouver dans les exemples de durée que la vie fournit au drame parlé, la place suffisante à son développement.

C'est là ce qui distingue définitivement le drame wagnérien du drame parlé, au point de vue pratique du metteur en scène, et sans entrer dans les considérations d'un autre ordre qui séparent les deux formes dès leur origine.

Il s'agit donc d'un drame dans lequel toutes les proportions de durée et de suite que la vie fournit au drame parlé sont altérées, et auquel vient s'ajouter une durée nouvelle : celle du drame intérieur, que la vie ne lui fournit pas (en tant que durée) (1). Les moyens représentatifs du drame parlé ne sauraient donc lui servir ; et ceux de l'opéra, qui par leur durée seraient d'un emploi commode, doivent être écartés de même, puisqu'ils ne sont motivés que par un prolongement arbitraire dans le temps, sans nécessité dramatique. Il en résulte que la mise en scène du drame wagnérien doit être composée des seuls éléments que le drame wagnérien lui fournit, et que c'est la technique théâtrale (dont les conditions actuelles n'ont en vue que le drame parlé et l'opéra) qui doit se conformer aux nouvelles exigences.

Ces exigences pourront-elles jamais être fixées? Non, puisqu'elles ne sont dépendantes que du drame lui-même, et ne s'appuient, ni sur une convention, comme l'opéra, ni sur l'imitation plus ou moins fidèle de la vie, comme le drame parlé. Chaque drame détermine donc sa mise en scène, et la technique théâtrale proprement dite ne sert là que de limite flottante, sans rien déterminer.

La conclusion inévitable, c'est que le drame du poète-musicien retombe *tout entier* sur son auteur, et que celui-ci ne peut espérer d'unité, si la partie représentative (la régie), — dont après tout il fixe rigoureusement les proportions (la durée) par la musique, — n'entre pas dans la conception même du drame. Et c'est là ce qui a opposé, et oppose encore, d'insurmontables difficultés

1. Je n'entends pas dire par là que la musique ne puisse exprimer simultanément le drame intérieur et l'action représentative; je fais allusion au seul fait de la *durée* du drame intérieur qui exige des scènes qu'elle puisse remplir, et qui peut aussi déborder sur un spectacle vide (spectacle dans le sens nécessaire au drame parlé).

à la manifestation des drames de Richard Wagner, et à la compréhension de l'*idée* du drame nouveau dont ils sont l'application.

On ne peut donc traiter la mise en scène du drame wagnérien que théoriquement, puisque les principes mêmes de la mise en scène, pour chaque œuvre en particulier, ne sont déterminés que par cette œuvre elle-même; et la partie abstraite de cette théorie, qui forme le sujet du présent chapitre, est forcément très restreinte, car elle ne peut prendre en considération que nos exigences les plus générales d'équilibre, sans oser se donner un objet précis.

Quand on parle de représentation, on suppose un public. La représentation d'un drame n'a d'autre but que de convaincre ce public de la réalité de la vie qui anime ce drame.

Quiconque veut entraîner la conviction chez autrui, se laissera guider par tous les indices qu'il pourra trouver sur les capacités des personnes auxquelles il s'adresse. Si nous voulons convaincre le public actuel de la *réalité* du drame wagnérien, quels indices ce public nous fournira-t-il pour nous guider dans notre tâche?

D'abord, il a le goût faussé, d'où il résulte qu'il est faible; ce qui le laisse dans une grande passivité. Cette passivité se manifeste de plusieurs façons : inertie pour sortir des formes admises sans examen ; impuissance à subir l'intensité musicale ; et, surtout, incapacité de réunir les parties constitutives du drame, ou, en d'autres termes, impuissance de concentration.

Tenons-nous en à ces trois manifestations, qui résument bien la situation actuelle. L'inertie pour sortir des formes admises nécessite qu'on présente au public le drame sous une forme qui ne puisse prêter à aucun malentendu. Son impuissance à subir l'intensité musicale, impuissance qui le paralyse et lui ôte l'usage de ses autres moyens, oblige à donner au spectacle des yeux une intensité correspondante, qui permette au spectateur de se rendre compte de toutes ses sensations. Quant à l'impuissance de concentration, elle sera déjà sensiblement diminuée, si l'on vient à réaliser les deux conditions précédentes; et lorsque la conception représentative ira de pair avec celle du drame lui-même, la représentation ne demandera plus au spectateur que les efforts dont il est facilement capable.

De ces trois conditions, deux seulement dépendent de nous; la troisième (la conception représentative allant de pair avec la conception du drame lui-même) constitue un problème que le dramaturge seul peut résoudre. A l'avenir, c'est donc à lui seul qu'incombera le souci de l'équilibre de son œuvre vis-à-vis du public. Nous n'avons actuellement d'autres exemples du drame wagnérien que les drames de Richard Wagner lui-même; et, cette troisième condition que nous venons d'indiquer n'ayant pas été remplie par lui, il s'ensuit que les conditions présentes du drame wagnérien ne sont pas les conditions normales de cette œuvre d'art; et qu'en les traitant, on est forcé de faire abstraction de ces conditions normales qui nous restent inconnues. Le problème des procédés à trouver pour convaincre le public actuel est donc doublement délicat, et ce public a droit à tous les égards.

Nous avons dit que sa faiblesse exigeait une forme représentative qui écartât le malentendu, et une intensité de spectacle qui correspondît à l'intensité de la musique. Ce qui distingue au point de vue représentatif le drame wagnérien du drame parlé, c'est qu'au lieu de prendre la durée dans la vie, il la fixe lui-même rigoureusement : une intelligence précise de ce fait fournira seule le caractère distinctif qui ne pourra laisser de doute sur l'existence originale du drame ainsi compris. De ce point de vue supérieur, le danger de l'opéra disparaîtra complètement.

Pour l'intensité du spectacle, il est nécessaire de s'entendre sur le sens du mot « intensité » en matière représentative : s'agit-il du plus ou moins de goût apporté dans le choix du luxe décoratif, d'une recherche subtile de coloris, de violence ou de lyrisme dans la mimique, etc., etc... ? Pour un drame qui ne fixerait pas lui-même la durée (la suite et les proportions), on pourrait hésiter; pour le drame du poète-musicien, c'est en lui-même que nous devons chercher toute vie, c'est lui qui la donne, et n'importe quelle intensité venant du dehors reste lettre morte pour le public, et cesse ainsi d'exister au point de vue dramatique. Il en résulte que le plus ou moins d'intensité représentative de ce drame, est en raison directe des relations plus ou moins adéquates de sa mise en scène avec la vie donnée par le drame. Pour le drame wagnérien de l'avenir, la responsabilité incombera au dramaturge; actuellement c'est à nous qu'elle incombe, et la tâche est lourde.

On voit qu'il nous reste une seule et unique condition théorique que nous puissions fixer avant toute application ; et cette condition que l'on doit considérer comme la base de la mise en scène du drame wagnérien, c'est que *la* VIE *nous est donnée exclusivement par le drame lui-même.*

Donc, en résumé : la musique étant le Temps, elle donne les proportions; de telle manière que la mise en scène du drame wagnérien n'a plus à chercher les exemples de durée dans la vie, mais que toute vie se trouve fixée rigoureusement par le drame lui-même ; d'où il résulte que ce drame retombe *tout entier* sur le dramaturge, qui crée en quelque sorte le Temps et l'Espace, et qui, possédant le moyen de justifier sa création, devient l'évocateur le plus puissant qui soit. Les drames de Richard Wagner ne remplissant pas cette condition, et se trouvant les seuls que nous possédions de ce nouveau genre, les conditions actuelles de cette œuvre d'art ne sont donc pas ses conditions normales. Si néanmoins nous voulons convaincre le public de leur vie originale, la manière de les lui présenter devient une question des plus délicates. Or, il se trouve que les conditions imposées par ce public sont d'accord avec la condition fondamentale du drame wagnérien, savoir : que c'est en ce drame seul que nous avons à trouver la vie. Ainsi le metteur en scène des drames de Wagner devra se laisser guider exclusivement, servilement, par tout ce que le drame qu'il veut représenter lui révélera de sa vie propre.

Wagner, donc, en fixant les conditions abstraites de son drame, en fixait tacitement les conditions représentatives, puisqu'elles y sont nécessairement contenues ; et ce n'est que dans l'application qu'il en a donnée, qu'il a négligé d'en poursuivre rigoureusement la conséquence.

LA FORME REPRÉSENTATIVE

LA FORME REPRÉSENTATIVE

C'est aux drames de Wagner que doivent actuellement se borner nos observations. Bien que leur auteur les ait placés dans les conditions représentatives actuelles, ces conditions, nous l'avons vu, ne sauraient fournir l'intensité requise, c'est-à-dire être adéquates à la vie du drame. Cette vie étant donnée par la musique, il nous reste à savoir quelle est la nature de l'intensité musicale au point de vue représentatif, pour que nous puissions lui opposer des moyens analogues.

Jusqu'ici l'acteur se trouvait indépendant dans un tableau inanimé, auquel il ne pouvait par aucun moyen se mêler. L'action dramatique fixait ce tableau sans précision, et l'acteur n'y était attaché que par les nécessités matérielles de son rôle. Comme il était impossible de supposer l'existence d'un élément conciliant, on cherchait à combler le vide par tout ce que l'action pouvait suggérer, ou même à subordonner l'action aux possibilités représentatives. Mais on se blasa rapidement des recherches de mise en scène, et le drame parut alors dans son insignifiance, ou bien se découvrit indépendant des moyens représentatifs qu'on avait considérés comme faisant corps avec lui. Il ne pouvait qu'aboutir au tableau plus ou moins vivant, ou retomber dans une des formes antérieures. La nécessité de lier l'acteur au tableau inanimé n'existait pas suffisamment pour justifier tant d'efforts, et elle entravait l'action, par défaut d'un moyen qui exprimât, non cette nécessité, mais le *fait* de la fusion des deux éléments.

Wagner a résolu le problème : partout où le drame nécessite la fusion des éléments représentatifs, la musique en donne le moyen au poète-musicien. Ce qu'on cherchait à réaliser par le choix de l'action dramatique adaptée aux possibilités de mise en scène, existe donc originairement dans le drame wagnérien ; et l'action, au lieu d'en être limitée, se trouve d'une variété inépuisable.

L'intensité musicale, au point de vue représentatif, consiste donc en ce que *la musique commande à tous les éléments, et les groupe suivant les nécessités de l'expression dramatique;* de sorte que le spectacle doit acquérir une souplesse telle, qu'il lui soit possible d'obéir sans réplique aux exigences musicales. Comme c'est là une affaire de proportions, nous n'avons plus qu'à examiner les éléments de la technique théâtrale, et à les subordonner les uns aux autres d'une façon qui corresponde aux moyens d'expression du poète-musicien.

Le tableau inanimé se compose de la peinture, de la plantation (c'est-à-dire, la façon de disposer le matériel décoratif), et de l'éclairage. La plantation sert d'intermédiaire entre la peinture et l'éclairage ; l'éclairage, de même, entre les deux autres moyens et l'acteur.

Le plus novice en matière décorative comprendra que la peinture et l'éclairage sont deux éléments qui s'excluent; car éclairer une toile verticale, c'est simplement la rendre visible, ce qui n'a rien de commun avec le rôle actif de la lumière, et même lui est contraire. La plantation, par contre, porte préjudice à la peinture, mais peut servir efficacement à l'éclairage. Vis-à-vis de l'acteur, la peinture est tout à fait subordonnée à l'éclairage et à la plantation.

Des éléments représentatifs, le moins nécessaire est donc la peinture; et il est inutile de prouver qu'en faisant abstraction de l'acteur, c'est l'éclairage qui vient en première ligne. Lequel de ces moyens est soumis aux conventions les plus étroites? La peinture, sans nul doute, car la plantation la limite considérablement, et le rôle actif de l'éclairage tend à l'exclure tout à fait. L'éclairage, au contraire, pourrait être considéré comme tout puissant, n'était son antagoniste, la peinture, qui en fausse l'emploi. La plantation participe de leur sort à tous deux : elle se trouve restreinte ou développée en raison directe de l'importance de la peinture ou de l'éclairage.

L'élément le moins nécessaire, la peinture, entrave donc sensiblement le développement des deux autres éléments, qui lui sont supérieurs. Ces relations paradoxales prennent évidemment leur source dans la conception même de la forme représentative.

Personne ne contestera que la mise en scène prise comme but soit à jamais stérile; nous pouvons donc en faire abstraction dans notre raisonnement.

La forme représentative est donnée par la forme dramatique, ou, plus précisément, c'est le public qui impose tacitement la forme extérieure dont il a besoin pour être convaincu de la vie du drame. La peinture a le but essentiel de présenter aux yeux ce que ni l'acteur, ni l'éclairage, ni la plantation, ne peuvent réaliser. Si elle s'est développée démesurément, la raison en est donc que le public avait besoin d'indications qu'elle seule pouvait fournir ; ce qui revient à dire que les formes dramatiques en imposaient la condition. Nous avons vu que le moyen d'opérer la fusion de l'acteur avec le tableau inanimé n'existait pas avant la création du drame wagnérien. La mise en scène devait se charger de détails, qui, se complétant les uns les autres, provoquaient la suggestion nécessaire au drame. De même, à défaut de pouvoir exprimer le drame intérieur, le poète se bornait à l'indiquer par une action représentative : drame et spectacle étaient donc adéquats ; tous deux étaient impuissants à exprimer le *fait*, et obligés de l'indiquer seulement, l'un par les manifestations extérieures de la vie, l'autre par des signes inanimés. La peinture, se trouvant particulièrement apte à fournir ces signes, prit une grande importance, et entraîna la plantation, et l'éclairage à sa suite, pour son usage particulier. Le public s'accoutuma à l'effort de transposition nécessité par les toiles verticales et le défaut de lumière *active ;* il prit goût à ce qu'on lui présentât la vie par des signes dont le maniement permettait une très grande liberté de choix, et sacrifia, au besoin factice de voir « indiquer » beaucoup de choses séduisantes, la vie véritable que l'éclairage et la plantation pouvaient seuls donner.

En opérant la fusion de tous les éléments, le drame wagnérien a dévoilé l'impuissance de la forme représentative ainsi comprise ; et si Wagner n'a pas placé son œuvre ailleurs que dans cette forme, il n'en reste pas moins incontestable que cette œuvre ne saurait y manifester sa vie.

Les moyens d'expression que l'auteur peut actuellement commander par la notation (poétique-musicale), ont acquis dans les drames de Wagner leur plus haute puissance, en se subordonnant les uns aux autres ; il doit en être de même des moyens représentatifs. Examinons les rapports de hiérarchie que cette subordination entraînera.

La mise en scène actuelle met tous les moyens dont elle dispose au service du *Signe*, dont le principal auxiliaire est la Peinture. Mais, puisque la peinture est l'élément le plus gênant et le moins expressif, nous devons dès l'abord la subordonner à son antagoniste, l'Éclairage. Nous avons vu que c'est la Plantation qui sert d'intermédiaire, de terme conciliant, entre la peinture et l'éclairage ; la partie essentielle de la plantation, c'est la combinaison des praticables, ce qu'on nomme « la Praticabilité » ; or, c'est l'Acteur, ce sont les exigences de son rôle, qui dictent et déterminent cette « praticabilité ». L'acteur, de son côté, ne possède, dans le drame wagnérien, aucune liberté d'initiative, car son rôle entier se trouve fixé dans les proportions données par la Musique. La musique, elle, est l'âme du Drame. C'est donc, en dernier ressort, le drame qui détermine la mise en scène. Mais ce qu'il faut surtout remarquer, c'est que le drame ne pourra jamais déterminer la mise en scène qu'en passant par l'acteur.

La vie imposée à l'acteur par la musique diffère de celle qu'il doit chercher pour le drame parlé, en ce que la durée y est fixée sans retour, transposant le spectacle au gré de l'intention dramatique. Il en résulte que le rôle donné contient déjà non seulement des proportions dans le temps, mais aussi dans l'espace, celles-ci résultant de celles-là : l'union entre le tableau inanimé et l'acteur existe donc avant toute représentation, implicitement, à l'état latent. La plantation étant déterminée par l'Acteur, et le rôle de celui-ci n'existant que dans les proportions données par la Musique, il s'ensuit que la Plantation prend elle-même une importance musicale, ce qui, pour le drame wagnérien, équivaut à un rôle dramatique. C'est donc au jeu de la peinture décorative pour elle-même qu'il faut renoncer, puisqu'il réduit à néant le sens dramatique de la plantation, et accapare l'éclairage à son unique profit, détruisant ainsi les facteurs essentiels, pour encombrer le tableau scénique de signes dont le drame wagnérien n'a que faire. L'éclairage, de son côté, s'il compte jouir de sa vie propre, ne peut espérer la liberté d'expression, car il resterait sans objet ; et tous deux, l'éclairage et la peinture, ne pourront rien sans la plantation, à laquelle l'acteur impose les proportions données par le drame. Si la plantation, à son tour, remplit sa double mission de permettre à la peinture d'exister malgré l'éclairage, et à l'éclairage de fonctionner malgré la peinture, nous obtiendrons ainsi, pour la forme représentative, un ensemble organique correspondant à l'organisme du drame abstrait; et les moyens d'expression, se subordonnant les uns aux autres, acquerront la souplesse désirée (1).

La perfection actuelle de la peinture décorative en rend le sacrifice cruel. Ce sacrifice sera-t-il compensé par les avantages que fournira le rôle nouveau de l'éclairage? N'oublions pas qu'en sa qualité d'intermédiaire entre l'acteur, d'une part, et, d'autre part, la plantation et la peinture, l'éclairage constitue l'élément de fusion le plus important de la mise en scène : ce que nous perdons dans la quantité du signe (peinture) nous est donc rendu par la vie de l'expression directe. Au gré des proportions données par la musique, chaque élément représentatif pourra fournir l'exacte mesure d'expression exigée, et cette souplesse ne lui sera possible que par la collaboration des autres éléments.

D'ailleurs on aurait tort de s'exagérer ce sacrifice; car la peinture décorative, en perdant son indépendance, découvrira probablement dans ses nouvelles relations une source d'invention plus pure que celle qui a fait sa prétendue fortune actuelle. Si le drame devait lui demander parfois un retour à sa vie propre, elle s'exécuterait en connaissance de cause; et le public ne se laisserait pas non plus tromper par ses brillantes apparences, où il ne verrait qu'une nécessité dramatique (2).

Le tableau inanimé ainsi compris n'existe que par l'acteur, qui, servant d'intermédiaire entre le drame et la forme décorative, détermine celle-ci de telle façon qu'il puisse lui-même en faire partie. Sa position est donc transformée, car l'auteur ne lui donne plus un rôle à créer, mais le rôle lui est imposé, déjà vivant de sa vie

1. La mise en scène ne peut atteindre le rang d'un *moyen d'expression* que dans le drame wagnérien, parce que cette œuvre d'art, absorbant toutes nos facultés, rend impossible à l'un des facteurs de s'égarer ou de s'étendre dans un espace indéterminé Elle n'est donc plus comme auparavant une simple constatation matérielle ; et, par conséquent, *l'Illusion n'en est pas le but*. Dans *Tristan*, par exemple, la mise en scène doit se réduire à un minimum tel, qu'il ne saurait être question d'illusion. *Les Maîtres-Chanteurs*, par contre, ont besoin d'un maximum de vie réaliste.

2. Voir plus loin le cas du *Crépuscule des Dieux*.

définitive, de laquelle l'acteur n'a plus qu'à s'emparer. Si, dans le drame parlé, l'acteur, pour entrer dans son rôle du moment, doit renoncer à sa personnalité, ce rôle reste pourtant en grande partie sa propriété; et le public en a tellement conscience, que le succès de l'acteur, de son « interprétation », l'occupe souvent plus encore que celui de la pièce. Pour l'acteur du drame wagnérien, ce succès n'existe plus, car il abdique, non seulement sa personnalité, mais aussi tout *droit* à son rôle; et plus ce renoncement sera complet, mieux l'acteur remplira sa mission.

Comme le poète-musicien peut seul saisir les exigences de sa musique, lui seul peut en résumer les conséquences au point de vue représentatif, et les imposer. C'est donc la parfaite souplesse dans le temps (proportions), qui devra être l'objet des études minutieuses de l'acteur, puisqu'il doit mouler, sur une durée étrangère, une mimique qui lui est prescrite, bien qu'il l'exécute avec ses moyens indépendants.

Le problème toujours nouveau que constitue la difficulté des rapports de l'auteur avec ses interprètes, se trouvera ainsi résolu définitivement; car il repose moins sur l'entêtement et la vanité, que sur le fait indéniable de la liberté laissée à l'acteur. Il s'ensuivra que l'intérêt du public se concentrera exclusivement sur l'œuvre elle-même, et que les soucis d'interprétation, qui sont actuellement la mort du drame, seront réduits à un minimum à peine appréciable.

Pour les drames de Richard Wagner, il est impossible et il restera impossible d'éviter le souci de l'interprétation; car si cet ordre de préoccupations est déjà très vif dans le drame parlé, où l'acteur se trouve pourtant dans les conditions normales vis-à-vis de l'œuvre, qu'adviendra-t-il pour un drame qui devrait fixer péremptoirement le rôle *complet*, et qui se borne, par la musique, à enlever à l'acteur toute liberté, sans lui donner en compensation la volonté précise de l'auteur ? Ce n'est jamais tout à fait l'œuvre de Wagner à laquelle nous assistons, et la collaboration évidente de l'acteur s'impose d'autant plus, que les difficultés en paraissent invincibles.

Il n'y a qu'une façon de sortir de cette impasse : c'est de confier à une seule personne la responsabilité de toute la partie représentative. L'acteur prendra ainsi, au moins artificiellement, la position que l'avenir du drame wagnérien lui assigne : et il sera tenu, dès maintenant, à une grande souplesse. Aussi, à côté des études de diction et de pure musique, doit se placer ce qu'on peut nommer l'étude d' « assouplissement » ; mais cette étude, en se servant peut-être des procédés déjà connus, se proposera un tout autre but.

Ce but suprême de l'acteur du drame wagnérien, c'est le Renoncement : renoncement de l'être tout entier, pour devenir strictement *musical*, dans le sens que la nouvelle forme dramatique donne à ce mot, c'est-à-dire, pour pouvoir se manifester dans le Temps musical avec toute la vie dramatique exigée. L'acteur intelligent conviendra qu'il ne saurait y avoir de but plus élevé.

Pour illustrer ces considérations théoriques, je vais analyser la mise en scène d'un des drames de Wagner. Ces drames, nous l'avons vu, ne sont pas dans leurs conditions normales, de sorte que mes exemples ne pourront être qu'approximatifs. Je m'efforcerai néanmoins de montrer comment le metteur en scène doit chercher et trouver la Vie dans le drame lui-même, et comment tout ce qu'il pourra se proposer, si ingénieux que ce soit, restera d'un effet nul au point de vue du drame, si cela ne découle pas directement et strictement des intentions dramatiques de l'auteur.

NOTES

SUR LA MISE EN SCÈNE

DE

L'ANNEAU DU NIBELUNG

NOTES

SUR LA MISE EN SCENE

DE

L'ANNEAU DU NIBELUNG

De tous les drames de Wagner, c'est *l'Anneau du Nibelung* qui offre le plus de variété et la plus grande somme de développements (1). Ce drame, de si colossale envergure, a besoin d'une scrupuleuse unité représentative pour se manifester. Les exemples suivants le prouveront, en démontrant que cette unité est indispensable à la compréhension même de l'œuvre, et joue ainsi un rôle dramatique dans toute la force du terme.

Le metteur en scène, pour obtenir le contrôle et la garantie de sa vision en chaque instant, doit s'appuyer sur une base solide, ce qu'il ne peut faire qu'en procédant rigoureusement du général au particulier. Je vais donc suivre cette marche.

1. Je suppose chez le lecteur une connaissance au moins approximative du drame, car il ne m'est pas possible de résumer ici l'œuvre entière. Quant aux passages choisis pour illustrer l'emploi de telle ou telle combinaison représentative, je me bornerai, s'il est besoin, à les résumer. Il va sans dire que c'est la partition allemande qui me sert de guide; toute traduction, bonne ou mauvaise, défigurant inévitablement le rapport des moyens d'expression entre eux.

La vie du drame est donnée par le dieu Wotan ; le spectacle consiste en l'accomplissement de la volonté de ce dieu ; c'est-à-dire que Wotan provoque le spectacle, et que, sans Wotan, le drame cesse d'exister. C'est donc une question de relation ; et il sera nécessaire de rapporter tous les événements à leur point de départ, la volonté de Wotan, et d'en régler la manifestation sur les fluctuations de cette volonté. Nous avons ainsi deux conditions fondamentales, à savoir, que cette volonté soit toujours présente, et que les événements soient doués d'une vie correspondant à celle que cette volonté leur impose. Il ne faudra jamais perdre de vue ces deux conditions, et on devra tirer parti de tout ce que le drame peut fournir d'éléments propres à manifester cette volonté.

Ce qui constitue l'essence du drame, c'est que les événements provoqués par le dieu se trouvent en contradiction avec le mobile intime de son activité, qu'il en devient conscient, et que, impuissant à en arrêter ou à en détourner le cours, il renonce à les diriger, et se pose, malgré lui, en spectateur passif, attendant le dénouement qui doit consommer sa ruine. Le drame se divise donc en deux parties ; la première met en scène la volonté active, et la seconde la volonté passive de Wotan : soit d'une part *l'Or du Rhin* et *la Walkyrie*, et, d'autre part, *Siegfried* et *le Crépuscule des Dieux*. Or, tout *le Crépuscule des Dieux* se passe en l'absence totale de Wotan, et le drame n'en continue pas moins son cours. Grâce à la musique, le poète musicien a pu réaliser cette chose étrange d'une action scénique servant de durée au drame essentiel établi dans les parties précédentes ; et cette combinaison lui a permis d'atteindre à un degré de suggestion extraordinaire, fournie exclusivement par la musique. Il est donc nécessaire d'opposer à l'intensité de cette suggestion une forme représentative correspondante, ce qui semble impraticable, puisque la vie scénique paraît indépendante du drame intérieur. Il s'agirait par conséquent de présenter au public une vie en partie double, sans faire violence à l'action donnée, c'est-à-dire en trouvant dans le drame lui-même le procédé à employer. La suggestion musicale en question doit sa puissance aux parties qui ont précédé, sans lesquelles l'expression, devenue purement musicale dans *le Crépuscule des Dieux*, resterait inintelligible. Si nous voulons rendre sensible la voie indépendante suivie par le drame intérieur, il sera donc nécessaire d'avoir établi avec précision une forme représentative adéquate à la vie des parties précédentes, puis, soudain, d'y substituer une forme très sensiblement différente : la symphonie continuera la vision déjà connue; et l'action dramatique collatérale, qui lui sert de durée, trouvera dans la nouvelle mise en scène un moyen de s'affirmer indépendamment de la suggestion musicale.

Le drame nous fournit un motif suffisant pour l'emploi de ce procédé. Wotan cesse de paraître sur la scène dès que l'on quitte le monde héroïque pour entrer dans la société arbitraire des simples mortels : la mise en scène peut facilement marquer cette chute, mais elle en devra forcer la note pour éviter tout malentendu.

Il faut donc trouver ce qui caractérise représentativement le monde héroïque et le distingue du monde arbitraire. *L'Anneau du Nibelung* de Wagner ne peut baser sa mise en scène que très indirectement sur le fond mythique d'où il est tiré. La signification, non pas symbolique, mais *typique*, y atteint une précision qui élève le drame bien au-dessus de n'importe quelle couleur mythologique ; et cette signification est de telle nature que nous désirons pouvoir vêtir les personnages à notre gré, et les placer dans un cadre qui les rapproche de nous. Il n'y a qu'une façon de répondre à ce besoin, c'est de ne parer qu'aux nécessités les plus élémentaires du vêtement et du décor. Voilà donc un caractère qui n'a rien de contraire à la manifestation du monde héroïque, et semble plutôt devoir l'exprimer avec beaucoup de clarté. Quant au monde arbitraire, il sera traité arbitrairement; et comme il ne suffirait pas pour cela de charger le tableau scénique de détails superflus, mais qu'il en faut changer le principe même, l'état actuel général de la mise en scène pourra nous rendre là grand service.

Il est difficile, sans entrer dans des détails techniques, de rendre réellement intelligible ce qui peut différencier d'une manière capitale deux principes décoratifs. Je me bornerai à faire observer que c'est particulièrement la peinture qui devra marquer le contraste, en s'affirmant avec plus d'indépendance dans *le Crépuscule des Dieux;* sans toutefois faire un tort sensible à l'éclairage ni au degré de praticabilité que l'action exige. Elle entraînera les costumes dans le même principe : ces costumes seront composés arbitrairement et livrés à la fantaisie, ce qui les mettra en opposition avec les premiers, ceux du monde héroïque, qui, eux, ne devront parer, — d'une façon harmonieuse, — qu'aux plus strictes nécessités. Les représentants de ce monde héroïque se détacheront sur une bigarrure étouffante: ce qui marquera la possibilité d'une relation entre la suggestion musicale et le spectacle.

Examinons maintenant le rapport des quatre parties de la tétralogie entre elles, et voyons s'il est nécessaire, outre la différence indiquée ci-dessus, de les opposer les unes aux autres.

L'Or du Rhin est une sorte de prélude (*Vorabend* — Veille). A la rigueur il peut constituer, isolément, un ensemble intelligible pour le spectateur ; mais, s'il n'a pas servi de point de départ, aucune des autres parties n'a de signification. En établissant le dilemme qui noue l'action, il fixe les éléments de l'expression dramatique, dont les développements serviront à la trame des parties suivantes. La mise en scène doit fournir de même un ensemble de caractéristiques susceptibles de développement.

La force souveraine de ce prélude consiste en ce qu'il présente un état de choses *élémentaire*, de sorte que la précision nécessaire à l'énoncé des motifs sur lesquels repose un drame aussi considérable, est facilitée par la forme même de leur expression. Chacun des personnages reste dans sa sphère limitée ; le drame jaillit de leur contact. Le choc ne sera compris que si chaque sphère a été nettement précisée par sa mise en scène ; car les caractéristiques qui devront suivre le cours du drame ne peuvent être tirées directement des éléments de ce monde primitif. Elles sont, pour ainsi dire, les étincelles résultant du choc de ces éléments ; de sorte que le tableau inanimé, pris isolément, ne saurait fournir de ces caractéristiques. C'est donc la mimique qui reliera la mise en scène de *l'Or du Rhin* à celle du reste du drame ; tandis que la forme purement décorative, devant réaliser un état de choses élémentaire qui ne se retrouve pas dans les parties suivantes, tendra à l'isoler.

Entre *la Walkyrie* et *Siegfried* il y a parallélisme évident, même au point de vue représentatif. Ces deux parties du drame présentent chacune d'abord un intérieur, puis un plein-air sauvage, et se terminent par le même tableau, la roche des Walkyries. Ce qui les distingue pourtant définitivement l'une de l'autre, c'est que *la Walkyrie* est encore dominée par la volonté de Wotan, tandis que *Siegfried* n'est plus que le drame poursuivant son cours sans l'intervention directe de cette volonté. *Siegfried*, par son essence même, forme donc davantage « spectacle » que ne le fait *la Walkyrie*.

Le dernier tableau de *la Walkyrie* représente un sommet abrupt, rendez-vous favori des Walkyries. Il est purement décoratif jusqu'au moment où le dieu l'entoure d'un cercle de flammes pour protéger le sommeil de Brünnhilde ; mais dès cet instant il acquiert une haute signification. Car ce sommeil se trouve être la seule garantie de Wotan contre sa propre volonté ; c'est-à-dire que le dieu, ayant renoncé à diriger les événements, doit réduire à l'impuissance la confidente de ses désirs. Ce fait donne au décor presque la valeur d'un rôle dramatique, puisque non seulement le retour du même décor dans *Siegfried* et dans *le Crépuscule des Dieux* constitue pour l'œil le trait d'union entre les trois parties, mais qu'il ramène toujours le spectateur au point le plus sensible du drame. Avec *le Crépuscule des Dieux* commence la seconde division, motivée par l'absence de Wotan; la roche des Walkyries y paraît pourtant deux fois : d'abord, en un prélude isolé; puis, après que l'on a touché au monde de la société conventionnelle des hommes. Cette disposition est des plus favorables, car le spectateur qui n'aurait pas saisi suffisamment la différence des mises en scène se trouvera forcé de le faire par leur superposition répétée (1).

On comprendra que, pour un drame de cette étendue, il soit désirable de rappeler à la fin le point de départ, et de satisfaire ainsi au besoin d'unité. Ici le metteur en scène n'a pas à en prendre souci, car le drame lui-même y a pourvu : la fin du *Crépuscule des Dieux* ramène les éléments décoratifs de *l'Or du Rhin*, et pour que l'intention qui motive leur retour soit comprise, ils doivent se présenter de même qu'au début de l'œuvre, dans leur simplicité typique.

Donc, en résumé : *l'Or du Rhin*, bien qu'isolé par sa partie purement décorative, se relie par sa mimique au reste du drame; le dernier tableau de *la Walkyrie* se retrouve dans *Siegfried* et dans *le Crépuscule des Dieux*, et rend ainsi les trois parties dépendantes les unes des autres; il y a parallélisme entre *la Walkyrie* et *Siegfried*, lors même que le moteur du drame, la volonté de Wotan, les sépare définitivement; enfin, la mise en scène arbitraire du *Crépuscule des Dieux* trouve un précieux repoussoir dans le décor des Walkyries, et l'unité représentative du drame entier est sauvegardée par le retour du monde élémentaire qui le clôt.

1. Le costume se trouve, de même que le décor, relier les trois parties : l'équipement doit être exactement semblable pour toutes les Walkyries, y compris Brünnhilde. Or, cet équipement, dont Siegfried dépouille Brünnhilde dans le troisième acte de *Siegfried*, c'est celui qu'elle lui abandonne dans *le Crépuscule des Dieux*; de sorte que Siegfried porte chez Gunther l'équipement d'une Walkyrie.

Pour mettre en lumière les principes énoncés au commencement de cette étude, je donnerai des exemples de détail. La mise en scène d'un drame de Wagner doit constituer un tout organique; il est donc difficile d'en extraire des fragments qui restent intelligibles. Ceux que je citerai sont choisis dans un projet complet et détaillé, dont ce chapitre est une sorte d'abrégé ; il faut donc les envisager comme motivés par l'organisme auquel ils appartiennent.

La Walkyrie étant la partie la mieux connue du public français, je la traiterai plus longuement que les autres. Mais il est impossible de parler de *la Walkyrie* sans traiter toutes les parties de *l'Anneau du Nibelung*; je commence donc par *l'Or du Rhin*.

L'Or du Rhin présente trois éléments : l'eau (le fond du Rhin), le plein-air (un sommet séparé du Walhall par le Rhin), et le feu (les forges souterraines des Nibelungen). Pour les représenter avec la netteté typique indispensable, il faut non seulement atteindre à une grande simplicité d'aspect, mais il faut aussi que l'apparence du mécanisme soit élémentaire, bien que sa réalité soit probablement compliquée.

On ne rendra manifeste la présence de l'eau, qu'en donnant la sensation de la profondeur; donc le lieu de l'action doit être entouré d'une obscurité vague et sans contours. L'action demande une praticabilité mesurée sur la durée musicale. En réduisant le matériel décoratif aux strictes nécessités, on l'aura tout entier praticable, ce qui favorisera l'éclairage et accentuera la fluidité ambiante.

Le plein-air ne deviendra sensible que si le sommet qui sert de lieu d'action se détache crûment sur l'arrière-plan vaporeux. Ce contraste s'obtient en conservant ce sommet tout entier praticable, sans un seul détail qui ne soit construit plastiquement. La composition en devra donc être fort simple : une croupe gazonnée coupant la scène d'une ligne horizontale, les ondulations vertes se profilant directement sur la rive opposée du Rhin, qui se déroule de même en ligne monotone, et au centre de laquelle s'élève le Walhall, dont le faîte dépasse le cadre de la scène. La plantation de ce décor ne peut motiver ni coulisses, ni tranches de ciel ; le procédé pour parer à cet inconvénient est simple, mais trop exclusivement technique pour qu'il y ait lieu de l'indiquer ici.

Le feu n'éclaire que d'où il vient : dans un endroit où l'on forge, il ne partira donc pas d'en haut. Ce tableau a pour caractère d'être éclairé artificiellement, par opposition au plein-air qui l'a précédé, — et d'une façon intermittente, puisque la lumière est censée venir de feux avivés par des soufflets. La lecture du poème ne peut faire prévoir la grandeur tragique dont la musique revêt ce lieu, où se forge ce qui doit perdre le monde, et où la plus cruelle tyrannie est exercée par celui qui a maudit l'amour. Le metteur en scène doit atteindre dans cette direction la note extrême ; et le drame lui offre ici ample matière à des développements de cette nature. L'impression générale sera l'oppression et le besoin de lumière. Les proportions du décor auront quelque chose d'écrasant. Des bouffées de lueurs ardentes découvriront soudain tel ou tel détail de la plantation ; et la plantation elle-même, en opposant des obstacles à l'éclairage, produira par ses ombres portées un ensemble chaotique. Il va sans dire que les personnages participeront à cet état de choses.

Voilà les trois tableaux qui plongent sans alternative le spectateur dans l'esprit de ce prélude, et dont la forme isole *l'Or du Rhin* des parties suivantes.

Ce sont les personnages qui fournissent, nous l'avons dit, les motifs que la suite du drame doit reproduire en les développant. La composition de leurs rôles exige donc la plus grande précision ; et la difficulté consiste dans le choix de la mimique et des attitudes. D'une part, il faut les mêler au milieu décoratif, et, de l'autre, leur donner un relief inoubliable. Le costume nous rend ici un service signalé. Le moindre ornement, le plus petit détail arbitraire, sépareraient l'acteur du milieu élémentaire, et altéreraient la précision de son jeu. Pour les Filles du Rhin et les Nibelungen, il est évident que le costume doit en quelque sorte ne pas être visible. Pour les dieux, la question semble plus délicate. Il n'y a pourtant pas de compromis possible ; ce ne sont pas des dieux mythologiques, mais simplement les membres d'une société supérieure. On les vêtira d'étoffes absolument unies; et il faut insister sur ce fait, que le rôle de l'Or, dans cette première partie, interdit par lui seul tout autre objet de ce métal, et même n'importe quel bijou.

On observera que, dès l'apparition de Wotan, l'action se concentre exclusivement sur lui, de sorte que, d'accord avec la forme décorative élémentaire, il devra toujours tenir le milieu de la scène. Quant aux précautions à prendre dans la mimique, je citerai comme exemple la malédiction de l'amour par le nibelung Albérich. C'est un moment capital, dont la réminiscence parcourt toute l'œuvre. Ce même nain prononce peu après une seconde malédiction sur l'anneau qu'on vient de lui ravir : il est indispensable de donner à chacune d'elles un geste distinct. Pour la première, Albérich est sur le point d'arracher l'Or qui brille au sommet d'un rocher, il est naturel que de ses deux mains il étreigne le lingot; c'est un geste de possession, dont le retour ne pourra échapper, et qui lui permet pour la deuxième malédiction de lancer les mains vers l'anneau. Ainsi, quand dans le cours du drame un personnage devra nous remémorer l'un de ces moments, il n'y aura pas de confusion possible.

Les trois décors de LA WALKYRIE sont dans une certaine mesure dépendants les uns des autres. Le premier, un intérieur grossièrement charpenté autour d'un frêne, sert de repoussoir au suivant, plein-air rocheux dans le caractère des hautes Alpes, qui ne doit point montrer de ciel, pour augmenter l'effet du sommet des Walkyries, où le ciel a une importance capitale. Ce second décor marquera ainsi subtilement sa parenté avec celui du second acte de *Siegfried*, les profondeurs de la forêt, où de même le ciel ne doit pas être visible. Le sommet des Walkyries reste indépendant ; tous les décors qui l'entourent, dans les trois parties, sont propres à le faire ressortir, mais il n'y a pas à se soucier pour lui d'autre chose que de ce qui le concerne directement.

De tout le drame, le premier acte de *la Walkyrie* seul présente un résultat *direct* de la volonté de Wotan. Les événements en découlent ensuite, livrés à eux-mêmes par le dieu, qui, conscient de son erreur, se retire impuissant. L'intensité de cet acte est donc ordonnée par Wotan, qui en a préparé les éléments. Afin que cette situation ne paraisse pas, à bon droit, déplacée, tous les moyens doivent être employés pour marquer la présence du dieu invisible.

On remarquera tout d'abord que rien n'est livré au hasard dans cette rencontre du frère et de la sœur, et que, pour accentuer ce fait, la partie décorative semble mise en mouvement par le dieu lui-même : le feu jette soudain, à point nommé, sa clarté sur une épée ; l'orage, après avoir obligé Siegmund à chercher un abri, s'apaise ; et quand l'atmosphère purifiée est baignée des rayons lunaires, la porte s'ouvre toute grande, pour laisser entrer les souffles du printemps. Le charme du spectacle tend à affaiblir ces intentions ; il sera donc nécessaire de les souligner.

Dans les relations de Siegmund et Sieglinde, c'est l'*affinité* qui règne en souveraine, et non pas simplement la passion amoureuse. Quand la sœur regarde son frère, elle retrouve sa propre image ; et l'image que Siegmund conservait au fond de son âme, se trouve incarnée dans les traits de Sieglinde ; tout ce qui n'est pas eux leur semble étranger, puisqu'ils sont issus d'un dieu. Les représentants de ces deux rôles auront à étudier leur partie en commun, pour acquérir la même démarche, la même suite dans les gestes ; leurs attitudes doivent en quelque sorte se refléter réciproquement. La possession amoureuse, ainsi préparée, pourra s'exprimer avec toute la passion exigée par la musique, et atteindre à une intensité peu commune, justifiée par son point de départ.

Le détail du décor est donné par l'auteur, et la durée musicale fixe à peu d'exceptions près toute la régie. Le rôle actif de l'éclairage commande un décor dont la peinture soit absolument soumise à la plantation. Le feu ou la lune éclairent seuls la scène ; de sorte que les ombres portées sont à prendre en considération. Ceci ne présentera pas de difficultés si l'on ne pare qu'aux nécessités les plus élémentaires, sans la moindre recherche d'un pittoresque inutile. Pour augmenter l'effet des évolutions, et donner au premier plan toute sa valeur, on saisira le prétexte des racines du frêne et du sol battu, pour accidenter le plancher de la scène d'ondulations composées avec soin.

Voici deux exemples pour le détail de l'éclairage : Hunding ne joue qu'un rôle effacé ; il est l'obstacle, et rien de plus; la musique l'exprime de reste. Le foyer est à l'une des extrémités du logis; quand les trois personnages sont à table, à l'autre extrémité, il sera désirable de fixer, contre la paroi au-dessus de la tête de Hunding, le flambeau qui les éclaire. Hunding restera ainsi dans l'ombre, tandis que les deux héros se trouveront dans la lumière. — Devant l'enchantement de la nuit, entrant avec le rayon de lune, Siegmund murmure à Sieglinde ses impressions intimes, lui parlant du printemps qui est venu libérer sa sœur l'amour (1), dont il était séparé par la porte close. La durée et la couleur musicale permettent que pendant une assez courte phrase dite sur un ton confidentiel, Siegmund, incliné sur Sieglinde, la couvre de son ombre portée, et reste lui-même en silhouette obscure. Puis, sur le mot « réunis » (*vereint*), déclamé très largement dans une expansion d'orchestre, il devra se renverser un peu, ce qui les remettra tous deux dans la lumière. Les

1. Le mot amour : *Liebe*, est féminin en allemand.

moyens d'expression que fournissaient le mot et le son musical, — moyens qui ne suffisaient pas à réaliser l'intention de l'auteur, — prennent ainsi toute la valeur qu'ils sont susceptibles d'acquérir. En cherchant par le troisième moyen d'expression : la mise en scène, à réaliser pour l'œil ce moment dramatique, on en épuise définitivement le contenu émotionnel (1).

Quant à l'affinité du frère et de la sœur, les exemples en sont nombreux, et la musique en fournit des plus caractéristiques. En voici un dont la signification risque de passer inaperçue à la représentation : Siegmund, au cours de ses récits, parle de son père, dont il perdit un jour la trace et qu'il ne revit plus. Ce père, c'est Wotan. La musique interrompant soudain les accords discrets qui soutenaient la déclamation, nous fait entendre en pianissimo (cuivres) un motif large et solennel, qui dans *l'Or du Rhin* caractérise plus particulièrement la majesté divine, tandis que le narrateur reste en suspens, et ne reprend ensuite son récit qu'avec hésitation. La fusion est ici complète ; le spectateur même y participe. Il semble que rien ne puisse la rendre plus exactement qu'une attitude *identique* des deux sujets : le buste dressé, la tête haute, les yeux dans les yeux, comme saisissant la voix du mystérieux attrait qui pousse les deux amants l'un vers l'autre.

Le prélude du second acte exprime un héroïsme si grandiose, que le spectateur peut à peine supporter le choc douloureux de la réalité décorative, d'autant moins que le rideau se lève au point culminant de l'expansion orchestrale. Le problème se complique de ce que cet acte n'offre pas d'unité *représentative*. Toutes les combinaisons s'y succèdent, et le lien qui les unit ne semble pas exprimable par la mise en scène. N'importe quel procédé pris en dehors de la vie du drame resterait sans effet ; il faut donc se contenter de ce que cette vie

1. « *Die bräutliche Schwester — befreite der Bruder ; — zertrümmert liegt — was je sie getrennt ; — jauchzend grüsst sich — das junge Paar : — vereint sind Liebe und Lenz !*

nous donne, et en tirer le meilleur parti possible. Un examen attentif montre que l'éclairage pourrait fournir le terme conciliant. Les scènes principales se trouvent comporter chacune deux éléments simultanés : d'un côté le souci ou la douleur, et de l'autre la joie insouciante, la majesté ou la beauté divine. Le décor représente une vallée étroite fermée par un col élevé. Dans ces conditions, la lumière frappe d'ordinaire l'une des parois, tandis que l'autre jette son ombre sur une partie du terrain. Il est donc possible de placer dans la partie d'ombre l'élément qui souffre, en lui opposant en pleine lumière son antagoniste; et une telle disposition présente à l'œil un sujet en quelque sorte immatériel, qui n'est pas dépourvu de grandeur.

La scène principale de *l'Anneau du Nibelung* fait partie de cet acte : Wotan nous y rend confidents du drame intime de son âme. Le décor vaste n'est pas favorable à une pareille concentration dramatique. Pour parer à cet inconvénient, il sera nécessaire de composer l'agencement des praticables, — très important dans cet acte, — de façon à fournir aux scènes secondaires un emplacement suffisant hors du premier plan, et à conserver à celui-ci sa valeur, en le restreignant beaucoup. Il faudra donc composer un paysage qui puisse fournir une disposition de ce genre. Puis, comme il est impossible de réserver ce premier plan exclusivement à Wotan, il faudra caractériser la place où il se tient par une espèce de contrefort qui le sorte légèrement du décor en le poussant contre le public. Les personnages auxquels il s'adressera resteront au delà de ce contrefort, et le plus souvent dans la lumière, tandis que lui, à l'ombre, se trouvera dans un plan sensiblement plus rapproché du public. La scène, en grande partie décorative, dans laquelle Brünnhilde vient annoncer à Siegmund sa mort prochaine, se trouvera bien réalisée par cette combinaison. La Walkyrie, en pleine lumière, descend vers le premier plan; Siegmund, en face, reste assis dans l'ombre, au fond de l'angle formé par le contrefort, où il est donc ainsi doublement effacé.

Par le troisième acte, nous touchons à *Siegfried* et au *Crépuscule des Dieux*; et la composition du décor n'est possible qu'avec une connaissance approfondie de toutes les scènes que ce décor comporte dans les trois parties où il paraît. C'est là une tâche infiniment complexe. Je me bornerai donc à citer les points les plus marquants.

Pour les évolutions des Walkyries (durée musicale), le sommet que représente la scène doit fournir une certaine étendue et beaucoup de variété; d'autre part, comme le décor reste exactement le même dans les parties suivantes, où le déploiement du groupe des Walkyries ne se répète plus, il faut que l'on ait prévu dans l'agencement des praticables les figurations plus restreintes qui devront y paraître. Mais cette condition n'est que préliminaire, car il s'agit surtout de combiner un ensemble expressif par sa simplicité, et dont les détails ne se marquent qu'au fur et à mesure de l'action. Les subtilités les plus habiles resteraient impuissantes à résoudre ce problème, si un principe indépendant n'en commandait pas la première ébauche. Ce principe, c'est de raisonner le rôle des divers plans de la scène, et l'importance à leur assigner avant toute application. L'expression du drame intérieur, quand elle est confiée directement à la déclamation des personnages, sépare ceux-ci plus ou moins du décor (1). Le premier plan leur sera donc réservé. De là, en passant par les mille nuances dont dispose le poète-musicien, on arrive à la vie purement décorative. Il va sans dire que cette division n'a rien de rigoureux, et doit laisser du jeu à certaines considérations de détail; mais les hasards individuels de chacune des

1. A moins que le drame *entier* ne s'exprime dans le spectacle: ce dont *Parsifal* nous donne l'exemple accompli. *Tristan et Isolde* présente l'exact opposé.

scènes ne pourront être traités avec sûreté, que si chaque scène occupe d'abord le plan auquel elle a droit.

Analysons, de ce point de vue, le troisième acte de *la Walkyrie*. Pour plus de clarté, je supposerai le décor déjà divisé en trois plans : la crête rocheuse du sommet, traversant de droite à gauche toute la scène ; une plate-forme inférieure plus en avant ; et le premier plan. Jusqu'à l'arrivée de Brünnhilde, les Walkyries jouent un rôle exclusivement décoratif, et même doivent céder le pas au rôle actif du ciel, qu'elles ne font que commenter. Le sommet leur sera donc assigné. Dès l'entrée de Brünnhilde avec Sieglinde, qu'elle veut sauver de la colère de Wotan, l'action se fixe sur un terrain qui fait oublier momentanément l'état du ciel, et reporte à l'ensemble du drame. La plate-forme y trouve son emploi, sans faire de tort au sommet qu'occupent les Walkyries. Lorsque Brünnhilde se décide à affronter le courroux de son père, il lui reste encore à montrer à Sieglinde le chemin pour fuir, et à la fortifier en lui révélant qu'elle porte dans son sein le plus grand héros du monde. Comme Wotan s'annonce dans le ciel par l'approche d'un orage formidable, il est naturel que Brünnhilde entraîne celle qui doit fuir dans la direction opposée, donc au premier plan ; mais, en outre, la forme et la durée musicale de ce qu'elle confie à Sieglinde constituent une subite parenthèse, qui n'a rien de commun avec l'état de choses que le spectacle exprime, si ce n'est le mouvement un peu précipité. Le premier plan sera de nature à augmenter l'intensité du passage, en l'isolant. Quand Sieglinde a disparu, la voix de Wotan, sortant de l'orage, interpelle Brünnhilde ; celle-ci, remontant sur la plate-forme, puis sur la crête, se mêle ainsi de nouveau au milieu décoratif. Plus tard, Wotan, qui est resté sur le sommet depuis son arrivée, annonce à Brünnhilde qu'elle a rompu le lien qui les unissait, et qu'il la bannit de sa vue ; il se détache donc du spectacle, et peut indiquer ce fait en gagnant la plate-forme, où bientôt toutes les Walkyries, mêlées au drame, pourront se précipiter. Enfin, quand le dieu, resté seul avec celle qu'il doit châtier, touche dans sa conversation au point le plus sensible du drame, il atteindra le premier plan, suivi de Brünnhilde ; et les plus délicates nuances pourront être observées jusqu'au moment où il revient au présent. L'acte se termine sur la plate-forme.

Quelques mots nous suffiront maintenant pour indiquer à ce point de vue l'emploi du même décor dans les deux autres parties du drame.

Le troisième acte de *Siegfried* ne peut motiver l'emploi du premier plan que tout à la fin, quand Brünnhilde devient consciente du fait de sa transformation, et, devant l'importance de la sensation qu'elle éprouve, perd momentanément Siegfried de vue. Mais elle devra tout de suite rentrer dans le milieu décoratif. — Dans *le Crépuscule des Dieux*, une Walkyrie s'échappe du Walhall pour supplier Brünnhilde de renoncer à l'Anneau auquel est attachée la perte du monde. Brünnhilde, toute à l'ivresse de pouvoir raconter son amour, ne s'aperçoit pas de l'angoisse de sa sœur. Pour ce passage, elles resteront toutes deux sur la plate-forme du second plan, aux endroits mêmes où se sont passés les événements que Brünnhilde mentionne. Subitement celle-ci remarque l'expression de la Walkyrie ; elle peut alors l'entraîner au premier plan, où le récit qui concerne Wotan s'isolera du milieu décoratif.

La richesse imprévue que le metteur en scène trouve dans la division méthodique des plans, semble prouver la réalité du principe qui la commande.

Citons encore deux détails de la mise en scène du troisième acte de *la Walkyrie*. Wotan arrive dans un terrifiant cyclone, qui s'apaise dès qu'il touche au sommet. Les Walkyries ont caché Brünnhilde au milieu d'elles, et cherchent à fléchir leur père. L'ensemble musical est très court, mais à l'incomparable polyphonie doit correspondre un spectacle qui la rende en quelque sorte sensible à l'œil, sans pourtant que les filles du dieu se séparent les unes des autres. C'est un léger contrepoint, dont les entrées successives marquent la supplication timide d'une façon tout individuelle; et chaque Walkyrie devra souligner son entrée, suivant sa partie, d'un pas en avant (1). Les dernières mesures s'épanouissent, irrésistibles : l'entre-croisement des voix se marquera de même, dans le sens de la notation musicale, et de manière à ce que tout le groupe, tendu vers Wotan, puisse se redresser et reculer sur l'accord sec qui ramène la parole cassante du dieu. On ne saurait pousser trop loin, dans cette scène, la minutieuse recherche d'évolutions musicales.

L'évocation du feu (*Feuerzauber*), qui doit protéger le sommeil de la Walkyrie, est un épisode dont l'effet n'est pas purement décoratif, mais bien pantomimique, et qui n'a rien de commun avec l'atmosphère ambiante. C'est un phénomène dépendant de la volonté du dieu, et qui doit donc lui obéir servilement. Pour caractériser ce fait, il faudra rendre la nuit limpide et vaguement étoilée, et renoncer à tout étalage d'artificier, en donnant le plus d'individualité possible à la flamme et à ses évolutions, que la durée musicale, en tant que pantomime, fixe rigoureusement.

Nous avons dit que SIEGFRIED est essentiellement un spectacle. Cela s'applique surtout aux deux premiers actes : Wotan n'agit plus, il regarde. Les moyens d'expression sont en parfait et constant équilibre, de sorte que la tâche du metteur en scène y sera des plus complètes. Pour chacun de ces deux actes, l'intention dramatique est semblable, mais le caractère décoratif les oppose l'un à l'autre d'une façon intéressante. Mime, frère d'Albérich, a recueilli Siegfried, fils de Siegmund. Un nain n'ira pas s'installer dans une vaste grotte : ce premier décor présente donc un intérieur exigu, mesquinement aménagé pour l'usage d'un homme petit et sédentaire. La belle carrure de Siegfried s'y trouve mal

1. *Zu uns floh die Verfolgte.*

à l'aise, et il faut donner au public l'impression de ce malaise. Si dans ce tableau chaque détail a sa place indiquée, qui en fixe l'intention et l'usage, le suivant, par contre, est d'une beauté sans but, et rien dans l'apparence n'y doit faire prévoir une combinaison dramatique. Les moyens représentatifs seront donc différents dans ces deux actes; et les acteurs, pour s'y conformer, auront, dans le premier, à se mouvoir librement, sans regarder leur chemin, comme on le fait chez soi; tandis que, dans la forêt, leur attention sera captivée par tout ce qui les entoure. La musique exprime cette distinction.

On ne peut rien détacher de la mise en scène du premier acte; c'est un tout homogène. Les moyens représentatifs, de même que la notation poétique-musicale, doivent y réaliser le parfait équilibre. Le second acte est soumis à une circonstance fortuite qui en détermine la qualité : les souffles de la forêt (*Waldweben*), dont l'éclairage seul doit se charger, par des mouvements d'ombres et de lumières. Bien que la construction du décor de cet acte soit fort compliquée, il n'en doit rien paraître. L'importance de la caverne où le géant Fafner veille sur l'or du Nibelung, donne à la beauté du paysage quelque chose de sévère et d'un peu uniforme voulu par la musique. L'un des pans de la caverne attirera le regard au centre, par un profil composé avec soin; c'est le seul détail du tableau qui puisse faire supposer une intention dramatique.

Un exemple intéressant nous est donné par l'éclairage : Siegfried vient de tuer Fafner, et, sur le conseil d'un oiseau, il a choisi dans le trésor l'anneau fatal. Le même oiseau l'avertit que le nain Mime, qui l'a élevé pour cet exploit, va lui débiter des mensonges et lui offrir à boire un poison. La musique prête à Siegfried une majesté d'inconscience très caractéristique, en opposition aux flatteries du nain ; et le moment, pour tous deux, est critique : Mime croit arriver à ses fins, et Siegfried, en possession de l'anneau qu'il ne sait pas être un anneau maudit, va se trouver forcé d'acquérir la liberté par le meurtre du nain. Il est donc désirable de marquer plus particulièrement ce passage dans la mise en scène, car la musique y est impérieuse. Mime s'avance pas à pas, agité par le soin qu'il prend à tromper Siegfried, qui, absolument immobile sur une éminence, le regarde venir. Le décor est vert, et la lumière tamisée enveloppe les personnages de vert. Or il se trouve que quelques instants plus tard, Siegfried, tout en sueur, va chercher de l'ombre sous un arbre, et que la musique exprime cette sensation de repos et de fraîcheur avec tant de précision, qu'il est nécessaire de lui avoir opposé précédemment une autre sensation, de lumière et de chaleur. Il faudra donc avoir eu un rayon de soleil perçant le feuillage et tombant dru sur le héros. Ce rayon peut s'annoncer par une tache lumineuse rompant insensiblement l'ombre verte du sous-bois. Siegfried est à la même place pour les deux passages; la lumière commencera donc au moment où, sortant de la caverne, l'anneau à la main, il regarde Mime qui s'approche. La nature entière le favorise; la malédiction même qu'Albérich a prononcée sur l'anneau ne peut l'atteindre; cette auréole lui sied donc à merveille.

La première scène du troisième acte, l'évocation d'Erda, est un complément à la principale scène du second acte de *la Walkyrie* : l'une nous apprend le problème qui torture l'âme de Wotan; l'autre, la fière solution qu'il lui a trouvée. Le décor est épisodique, mais l'intensité formidable de l'expression dramatique nécessite une forme qui n'ait rien de commun avec ce qui a précédé et ce qui va suivre. Dans les conditions où doit se passer cette scène, il faudra que tout apparaisse pour ainsi dire simplement en silhouette.

Siegfried traverse le feu pour aller réveiller Brünnhilde. Il y a là motif pour un changement à vue, et même nécessité de faire ainsi ce changement (1). La musique

1. Remarquons à ce sujet que Wagner ne se sert du changement à vue que si la durée musicale, pour une raison dérivant du drame lui-même, ne peut ni s'interrompre, ni résonner dans le vide.

exprime la résistance du feu et la joie folle du héros ; et l'intensité où elle parvient, exige un spectacle qui lui soit adéquat, ce à quoi aucun procédé ne peut prétendre si l'on vise au réalisme. De même qu'à la fin de *la Walkyrie*, nous avons là une pantomime ; l'expression, il est vrai, en est complexe, mais le rythme est strictement pantomimique. L'intensité décorative consistera donc dans l'accord *rythmique* du spectacle et de l'orchestre.

LE CRÉPUSCULE DES DIEUX trouve dans son deuxième acte d'abondants motifs pour manifester la forme arbitraire qui est la caractéristique de cette quatrième partie du drame. Le décor de cet acte comporte plusieurs détails aussi importants les uns que les autres et sans lien positif entre eux. La plantation devra favoriser la peinture, en tenant compte néanmoins du rôle qu'un éclairage violent, coupé d'ombres, joue dans cet acte. Les pierres consacrées aux dieux, indiquant la société où l'on se trouve, fourniront le centre du tableau.

Hagen, fils d'Albérich, fruit de sa haine, et qui doit lui rendre l'anneau, est le seul personnage de l'action scénique du *Crépuscule des Dieux* qui touche consciemment au drame intérieur. Il est comme une ombre menaçante, jetée sur toute vie ; et la musique l'exprime avec une grandeur que rien n'égale. Ce rôle doit donc être considéré par le metteur en scène comme le plus important du *Crépuscule des Dieux*. Tous les moyens d'expression devront être mis à la disposition de l'acteur. Citons-en ici deux exemples.

Dans l'un des tableaux du premier acte, Hagen est chargé de veiller sur la demeure de Gunther, où Siegfried a été reçu, et où, sous l'influence d'un breuvage, il a oublié Brünnhilde. La lumière très vive du plein-air tombe en nappe sur le sol de la salle, qui reste dans le clair-obscur. Hagen, assis contre un pilier extérieur, se profile sur le brillant horizon du Rhin, et jette son ombre allongée au travers du seuil qu'il est censé garder de tout péril. Plus tard, au commencement du second acte, nous le retrouvons dans la même position, toujours montant la même garde; mais le décor présente les abords de la salle, dont on ne voit que l'entrée. Il fait nuit. La lune, perçant un nuage, découvre soudain Albérich accroupi contre son fils, auquel il fait jurer de tenir sa promesse de lui rendre l'anneau. Si le rayon atteint le groupe par derrière, on obtiendra de nouveau une ombre portée au travers du seuil de la salle.

Siegfried arrive en bateau pour la première fois chez Gunther, où, à l'instigation de Hagen, on veut exploiter sa valeur. Hagen, complaisant, facilite l'abordage, et, debout sur un rocher, fixe le bateau contre la berge. La musique, sans se rapporter directement au spectacle, est très violente; la malédiction attachée à l'anneau par Albérich éclate dans un extraordinaire fortissimo, tandis que Hagen, sur le motif même de cette malédiction, souhaite largement la bienvenue à Siegfried. Si Hagen reste sur le rocher, il peut chanter face au public, en étendant la main au-dessus de Siegfried, qui lui tourne le dos. L'instant d'après, il gravit quelques marches d'un escalier intérieur pour appeller Gutrune qu'on destine à Siegfried, et qui doit apporter le breuvage trompeur. Il peut laisser passer la jeune fille devant lui et rester tout en haut des marches, les yeux sur Siegfried, jusqu'au moment critique où le charme opère. Enfin, au premier tableau du troisième acte, Siegfried, racontant les aventures de ses jeunes ans, en arrive au point où Brünnhilde doit être nommée; mais il l'a oubliée. Hagen, qui cherche un prétexte pour le tuer, presse dans une corne quelques herbes, et lui offre le breuvage qui doit rafraîchir sa mémoire. Le décor représente le versant d'un vallon sauvage. Siegfried est assis sur un gradin qui domine légèrement la scène ; mais derrière lui le terrain s'élève encore. Hagen monte dans cette direction pour chercher les herbes, puis il tend la corne en restant sur le gradin où Siegfried est assis. Ce dernier retrouve ses souvenirs, et, dans un état singulier d'extase, dévoile la trahison dont il est inconscient. Ce passage est d'une certaine longueur, et les révélations qu'il contient occasionnent dans la foule de vifs mouvements d'étonnement. Hagen, en restant immobile, debout sur le gradin, domine toute la scène qu'il a provoquée ; Siegfried est à ses pieds ; et bientôt Hagen le tue. Hagen étant le moteur du drame *représentatif* du *Crépuscule des Dieux*, et sa relation consciente avec le drame intérieur doublant son importance, il commande donc littéralement toute la situation.

Il est évident que la mise en scène ne peut s'exprimer avec cette précision, que si son langage est fixé par une seule volonté qui en mesure chaque nuance ; car un motif déplacé annule tous les autres.

Le public ne conteste pas au poète-musicien l'opportunité de sa musique, parce qu'il sait avec quel soin ce moyen d'expression est noté. Si on peut le persuader que le metteur en scène s'acquitte de sa tâche avec la même conscience, sa foi dans la signification du spectacle en doublera l'intensité.

L'étendue du sujet m'a forcé d'être bref et très fragmentaire. En poussant davantage cette esquisse, on arriverait au point où l'étude de la partition, mesure par mesure, devient indispensable ; là seulement commence le réel travail du metteur en scène, celui qui exige le plus de liberté, justifiée par le plus grand respect.

J'espère pourtant avoir rendu sensible le rôle de la forme représentative dans *l'Anneau du Nibelung*, et, par là, avoir jeté quelque clarté sur la première partie de cette étude. Mais je sens l'impossibilité de convaincre le lecteur, s'il n'a pas eu la musique et l'évocation musicale toujours présentes à la mémoire, car cette évocation, pour être inexprimable, n'en reste pas moins la seule raison déterminante sans laquelle plusieurs de mes propositions peuvent, à bon droit, sembler puériles. L'exemple vivant, c'est-à-dire la chose *vue* pendant la *vibration*, voilà l'unique exemple irréfutable. Les arguments théoriques ont peu d'utilité, en effet, dans un domaine où la discussion ne saurait vraiment trouver place, puisqu'il ne s'agit pas d'*opinions* plus ou moins bien fondées, mais de *faits* qui ne peuvent être prouvés que par la démonstration pratique d'une réalisation sur la scène. Les théâtres actuels ne pouvant fournir à cette démonstration, force est bien malgré tout de recourir à de simples exposés comme celui-ci; et quiconque a l'âme ouverte au langage du drame wagnérien, comprendra que rien ne saurait être négligé pour la manifestation d'une semblable œuvre d'art.

TABLE DES MATIÈRES

Notions préliminaires 9

La forme représentative 19

Notes sur la mise en scène de l'Anneau du Nibelung. 29

IMP. NOIZETTE ET Cie, 8, RUE CAMPAGNE-1re, PARIS.

IMP. NOIZETTE ET Cie, 8, R. CAMPAGNE-PREMIÈRE, PARIS

www.ingramcontent.com/pod-product-compliance
Ingram Content Group UK Ltd.
Pitfield, Milton Keynes, MK11 3LW, UK
UKHW020436180726
13839UKWH00004B/1507